La vie de la licorne

ADSO

La vie de la licorne

© 2014 ADSO

Edition *Books on demand* GmbH
12/14 rond-point des Champs Elysées
75008 Paris.
Impression : *Books on Demand,* Nordestedt, Allemagne.
ISBN : 9782322034444
Dépôt légal : février 2014

*Dans le jardin de la Connaissance,
La licorne veille à la porte d'Orient.*

Il y a tellement ;
Il y a tellement de gens à aimer…
Alors j'ai choisi de les aimer tous.
Il y a tellement de larmes à sécher
Alors j'ai pris tes deux mains éclairées, elles poussent

Comme des fleurs, au milieu de mon amour
Pour aimer, pour pleurer.
Il y a tellement de chemins pour avancer
Et je choisis, celui qui se rapproche de l'éternité.

Il y a tellement de jours pour boire
A plein goulot savourer la lumière qui danse le soir.

Il y a tellement de matins
Que je les choisis tous.
Pas à pas main dans la main
Les petites feuilles autour poussent.

Comme des fleurs de pierre
Avec le doute et l'éclair.

Il y a tellement de soleil
Que je n'ai plus peur…

Mais la merveille

C'est que j'ai toujours peur.
Il y a tellement de merveille
Que j'attends tes bras qui réveillent
Et je cherche ses bras aussi
Car, il y a toi, il y a la Vie.

Tu es tellement,
A aimer, à ne plus pleurer, à boire à plein goulot, fait de matin, plein de soleil, vie.
M'acceptes-tu ?

J'aime ce vent qui longe les falaises
Qui caresse la glaise.

Il y a tellement de vent
J'irai chercher ce sable, sur cette plage.

Il y a tellement de temps
Je marcherai en direction du vent
Et…

Comme il est partout
Je marcherai et je filerai doux.

Un petit nuage,
Un petit lac de feu

Un enfant sauvage,
Une nuit bleue.

Parce que l'enfant préfère s'allonger dans le bleu
Parce qu'il a tellement d'étoiles.
Les yeux à la proue de la nuit, bel oiseau de feu
Tes yeux choisissent le bal.

De la princesse, comme toi Ophélia
Il y a tellement de bal,
Et pourtant j'ai choisi celui là,
Le bal du Carnaval

Celui des fous et des gens heureux.

Il y a tellement de fous
Et si peu de gens heureux
Se faudrait des houles et des roues
Pour que malheureux deviennent heureux.

Heureusement, les fous le savent tellement :
Le prix d'un sourire, … d'un baiser, d'une voix amie
Il a tellement de vie,
Pour aimer, ne plus pleurer, boire à plein goulot, des matins, et du soleil.
Et le poète à moitié homme à moitié fou choisit…

Il y a tellement de désir
De mots précis
Pour mourir de délire.

Il y a tellement de délire…
J'ai choisi aujourd'hui de rire
Comme le son d'une corne sur la mer
L'écume deviendra éclair.

Il y a tellement d'écumes
Des larmes aux yeux
La mer elle aussi bleue
La mer enfante l'écume

Et de cette floraison,
Je t'en donne le nom :
Booz de mon soleil, de mes nuits.
Il a tellement de nuits

Il y a tellement de distances
Il y a tellement de petites chances
A cueillir entre les pavés sur le trottoir
Le matin dure jusqu'au soir.

Il y a tellement de fleurs
Et une seule me suffira

Elle s'appellera Matitia
Ni ne mourra.

Il y a tellement d'amour dans le cœur des oiseaux
Que j'ai choisi d'être un oiseau.

Et d'arbre à fleurs,
Toi aussi tu pourras devenir prince.

J'ai chanté ;
J'ai chanté, fatiguée,
J'ai pleuré, désenchantée.

Mais j'ai frémi
A l'espoir d'une autre vie.

Nuls mensonges,
Nuls mauvais songes
Ne s'y glissent,
Rêve d'un fils

A sa maman :
Je ne veux pas que tu sois fatiguée,
Je ne veux pas te voir pleurer
Je veux des rêves tous blancs.

Parce que la vie est un soleil une écume d'amour

Je lutterai contre la fatigue pour être avec toi,
Je ne pleurerai plus : Je les garderai pour la licorne ; juste là
Parce que larmes boit
Près de moi
Pour te rappeler
Que le plus beau courage c'est d'aimer.

La douceur ;
C'est d'abord un sourire
Au creux de la pluie
Aux abandons des rires,
Aux chemins qui s'enfuient.

Trace lumière
Où pars-tu ?
La douceur c'est comme la première
Fois, où je t'ai vu.

Pour garder cette douceur
Je te porte la fleur
Du silence…
Le vent de Achem danse.

Il promet la pluie le vent le feu
Et l'éveil
Pour rester à deux
Et faire des merveilles.

Ma douceur est ta fenêtre,
Ta douceur est tout mon être,
Tu vibres dans le fond de mes rêves
Tu vis les cristaux et s'achèvent.
Avec eux les ténèbres : clarté,

La douceur te reconnaît,
C'est comme cet oiseau
Qui un jour vola loin du bateau.

Au-delà des écumes et des flots
Le bel oiseau chanta jusqu'au soleil,
C'était beau comme la merveille
Promesse d'un prochain repos.

Et je te promets, la proche douceur
Ensemble, nous choisirons cette fleur,
Qui de la nuit au silence
Amène le matin de bonne heure.

L'attente ou le départ ;
C'est toi que j'attends,
C'est la nuit qui s'attarde,
C'est moi qui pars devant,
Et je reste sur mes gardes.

Au sein de ces deux colonnes,
La confiance tombe en floraison.
L'attente ou le départ donnent
Une fleur d'amour et de raison

Et je crois en toi,
Car tu connais les mots magiques.
Et je découvre Tes lois
De la dentelle tragique

Et c'est l'absence qui
Silence
Et c'est le feu de la solitude
Habitude.

Je leur dirai NON
A la recherche de la Vraie Vie
J'avance sans les malfaisants qui tournent en rond
A la recherche de la Vraie Vie ?
Et j'ai pressenti en toi

Une attente, si tard
Et ce départ sera
Ma Liberté et mon départ.

Les attentions ;

L'amour voyage librement
Dans les nuits du vent
Et sur tous les chemins
Qui bordent la promesse de tes mains.

Et j'ai choisi avec soin
D'aimer ce premier matin
Rien que pour tes mains
Les soins du plaisir humain.

L'homme vit son désir
Avec le feu du plaisir
Qui monte comme un soleil
Et de cette nuit jusqu'au jour de merveille.

Empereur et impératrice
Du matin de ce jour
La peur disparaît aux prémisses
Des débuts d'amour.

Et je ferai grand soin de devenir
A la fois le passé et l'avenir.
Pour que l'espace qui t'entoure
Me colle à l'amour

J'ai choisi de veiller tes rêves
J'ai choisi de chanter pour emporter tes sourires
Au plus profond de nos avenirs.

Le matin s'est levé encore une fois
Après la nuit
Et je me suis ouverte dans tes bras
A cette vie qui
De toi à moi
Revient de moi à toi.

J'aime.

Ma traversée ;

Du sable, du sable blanc, à perte de vue
De la sueur sur nos corps presque nus,
Ma traversée a franchi les clairières
Ma traversée s'est faite aussi en prières.

Et j'ai chanté,
J'ai chanté
Parce que la Vie persistait
L'Eternel ne s'était pas absenté.

Du feu, de la chaleur sous nos pieds
De l'espoir dans le cœur a brisé
L'interdit,
Juste la vie.

Mais c'est quoi la vie dans le désert ?
Mais c'est quoi fuir dans la peur ?
C'est apprendre à faire la guerre
Tout en restant juste, chercher le bonheur.

Je te donne la première pierre,
Mais tu ne me lapideras pas
Il y en a déjà assez sur la terre
Cette pierre, elle n'est que pour toi.
Elle vient de mon sac de combat

Oui, B. j'apprends à me battre
Et j'y arrive petit à petit parce qu'il y a
Toi, les étoiles, la nuit, le soleil et l'âtre
De la création. Oui, nous sommes des créateurs.
Ma traversée s'accompagne toujours de mots
C'est la pensée, de l'amour qui pousse le cheval au galop.

Et j'aime,
Et je chante,
Et je danse,

Tourbillon de couleurs,

Et j'aime
Et je chante
Et je danse

Tourbillon de lumière,

Et j'aime
Et je chante
Et je danse

Tourbillon de fleurs
Joie des rabbins en prières.
Laisse venir l'amour ;

Laisse venir les chants
Laisse venir les danses.

Peintre du spirituel,
N'oublie jamais dans ta traversée
Les roses bleues, le ciel
Et marcher aux côtés

De ceux qui t'offrent l'eau, le repas et le coucher
Dans cette traversée, il y a tellement d'années
J'aurai aimé te rencontrer
Mais ce sera pour cette vie…,
Si j'ai mon quota de sourires, alors OUI.

Où s'écoulent mes larmes ;
J'ai choisi la couleur de tes yeux,
Parce que j'ai choisi le bleu.
Et, j'ai préféré les nuits,
A toutes les vies.
J'ai attendu l'hiver,
J'ai pleuré l'été
Entendu ta prière,
Voler tes secrets.
J'ai choisi
La nuit ;

Et puis, tu es venu
Insolent et cruel,
Et puis je suis venue.
Et j'ai cru être belle
Il m'a fallu tes yeux,
Il m'a fallu tes nuits.
Et, j'ai rêvé à Dieu.
Et, j'ai allumé la vie.
Cette bougie bleue,
Qu'il y avait
Dans tes yeux.

Dans le printemps qui commençait
Une nuit a suffi,

Et, l'éclat s'est brisé :
Un jour, tu es parti.
Parti, brisé, parti, brisé.

Mes larmes sentaient l'or :
Cet or s'alchimise avec toi ;
Mais, toi ? Tu riais dehors
Dehors, toi …
Et moi, roulée sous la vague
Du siècle qui s'annonce et qui divague.

J'ai attendu,
J'ai aimé,
J'ai pleuré,
Non.

Toi, dans la lumière,
Gouffre, terriblement amer,
Qui aspirait
La vie et l'éternité.

Tu prenais tout,
Tu ne donnais rien.
Tu faisais tout.
Tu chantais le matin ;
J'ai choisi ton cœur,

Parce que, …tu riais à toute heure.
Et, puis un jour ce fut le silence ;
Et, la morsure de l'étrange ;
Dans ce lit de faïence,
Où mouraient tous les anges.

Pourquoi ?
Tu ne me diras pas.
As-tu senti mon cœur ?
Mon souffle et ma prière ?
As-tu voulu la douleur ?
Et, l'immortelle rivière,
Où s'écoulent mes larmes.

La mort, dans ces eaux,
La vie sur ta peau.

La certitude

Elle porte un joli prénom,
Elle revient avec lui.
Pour cela, voisine de la Raison :
Elle est le spectacle de la Vie.

C'est elle vers qui mes yeux se portent
Je l'aime comme un premier enfant
Qui dort et me rend plus forte,
Il y a toi, tout ça et le vent.

Je crois en mon cœur
Et j'accepte mes erreurs
Ces vagues si fortes
Jusqu'à toi me portent.

La porte est forte
Et la douce clé accepte toutes les escortes
Et cette certitude me donne tes sourires
Balancier qui sonne le chant de ton avenir.

Alors, je vais chercher ma guitare
Et je chante pour célébrer l'Amour,
Et cette guitare soudainement devient bleue de jour !
Bleue, bleue, comme un rêve un peu tard
Mais cette certitude remplit tous les songes

D'espoir, de nuit, oui de rêves
Et j'aime les chants au bord d'Eclève
Eclève, ma falaise, au bord des doutes qui rongent,
Et j'aime et chanter et aimer, enchantée
Et j'enchante les nuits de nos étés.
Parce que au moins une fois : la certitude pose ses ailes
Et cet oiseau bleu pose sa légende comme farfadelle.

Du haut de la falaise s'étale toutes les vagues
De l'écume à l'horizon
Et le sel de chaque éternité vient jouer sous l'éclat du soleil blond.
Et j'aime, tes yeux, ta peur, la bague

De ta main, je me couche,
Sauvage et farouche.
L'anneau du feu allume et ta nuit
Et berce la volupté de mes cris…

De joie, ensemble nous montons
Dans l'unique pensée, de cet unisson,
De tes étoiles à mes soleils
Et la lumière aime et vermeille

Se pose sur la douceur de tes bras ;
Et de ta bouche

Tes paroles volent d'Eclève à farfadelle, à... moi
Et de ma bouche

A toi, le premier matin où je sais que l'espoir
Comme, l'amour renaît tous les printemps.
A moi, le désir, le feu de chaque premier soir
Dans tes mains et tes bras à chaque instant.

De merveilles en lendemain
Je monte aux étoiles dans un vent
Ni bleu, ni rose, le vent qui va et revient
Au soleil et au feu de ce même vent.

Le désir et la puissance
De ton être et de ton visage,
Le matin et la vigilance
De ta douceur et de ton cœur sage.

Je te donne ma certitude
Et tu m'offres le prélude
Des guirlandes de joie
L'éclat du soleil et du Roi.

Tu gouvernes sur mes eaux
En moi s'allument, le bois et le roseau
Et je trouve le rêve éveillé

Aux bois de tes chagrins et de tes étés…

De feu, de feu et de feu
La certitude devient bleue
J'attendrai que même elle devienne vérité.
Parce que un instant nous nous sommes aimés.

Mon ami la nuit, m'a ramenée à toi
Les printemps sont éternels.
Mon ami, le jour me fera belle
Pour l'éternité dans le seul foyer de nos ébats…

Ensemble nous fuirons la mort
Et nous pourrons chanter encore
Sur les matins et les oiseaux
Et la musique bercera les eaux.

Alors nous irons nager aux Farfadelles,
Pays des certitudes.

La chanson orientale ;

L'eau a enfin touché le manteau bleu et céleste de la nuit
Quelques paroles de lumière pour aimer l'étoile de la mer
Et j'ai fui les souvenirs de toute ma vie,
Pour retrouver un nouveau chemin vers…

Toi, qui es parti deux fois
Et trois fois j'aimerai
Car il en est ainsi de l'amour
Car il en est ainsi des mots du jour.

On aime une fois, mais une fois pour toutes
Et cent fois j'irai sur la route la route de nuit, la route de mer
Parce que un certain soir d'automne, le vent léger a chanté une prière,
Oui, une prière qui ne chante qu'une fois, mais une fois pour toutes.

Le soleil m'a ramené à ton souvenir
Je ne voulais pas
La pluie m'a ramené à ton souvenir
Et je ne voulais pas ;

Tout : pluie, vent et folie
Raniment le cœur de ton sourire
Tout : gestes, paroles et regards, la Vie

Ranime le cœur de mon sourire.
Tu étais le ciel de l'étoile la plus bleue
J'étais cette terre qui recueillait tes larmes et tes peurs
Enfin, souvent tu me prenais de feu
Et je cherche encore à quelle heure…

Est notre prochain rendez-vous.
Comme toi, il me parlera de l'Espoir
Comme toi, il me parlera de nous
Mais, tu ne seras plus jamais dans le soir….

Ce lointain où je m'attardais dans tes yeux
Parce que doux comme l'océan.
J'avais trouvé un ami, un amant heureux
Tu es parti, mais lui est resté cet océan…

D'amour et de plaisir
Je retrouverai ton sourire
Dans le vol des oiseaux
Emportant et la douleur, me soufflant tes mots…

Et tu vois, écrire
C'est comme accepter de mourir
Parce que la vie est toujours plus forte
Une fois morte…
Je renais, et au Soleil et à la vie

Dans une naissance de désir et d'oubli :
Toi, pour tout recommencer
Toi pour tout oublier.

Reviens vers midi,
Et laisse-moi te rejoindre à la tombée des cieux
Que je puisse m'endormir encore sous tes yeux,
Que je puisse aller jusqu'à minuit.

J'irai, au bout du temps
J'irai au bout de ma vie.
Il me faudra du vent
Il me faudra de la poésie.

Mais le sang cessera de rougir mes mains,
Car de cette douleur, l'étoile a posé pour demain
La nouvelle joie
Le nouveau toi.

Et si tu revenais…
Et si je t'oubliais…
Alors je pourrai parler à mon nouvel ami !
Il sera doux et silencieux comme la nuit.

Son cœur, vaste comme les portes de mes rêves
Et pénètre, pénètre au plus profond de mon secret

Et la chanson orientale te ramènera à la vie, seule trêve
Que le silence de ma douleur accorde à ta bouche et tes baisers.

Et la chanson orientale devra faire silence à l'ivresse
Parce que ce vin là est tristesse.
Je veux boire, mais boire à l'espoir au goulot
Toujours le ciel ramènera l'eau…

Et je saurai te redonner, nouvel ami
Une franche vie,
Déliée de mensonges, juste il me faut l'oublier
Pour recommencer.

Me laisseras-tu t'embrasser, pour t'aimer ?
Me laisseras-tu t'oublier pour mieux t'oublier ?
Et l'orage fou des chansons orientales
Inonde et traverse mes ailes, … orientales

Et ce voyage, et ce souvenir, ne doivent pas aller sur la même route.
Car sans l'un, je meurs,
Et avec l'autre je meurs.
Ensemble, nous trouverons notre route.
Et sur la route, je ne mourrai pas
Car il y a toi
Et veux être ta compagne et ta douce…

Nuit, aux frimas de la lune rousse.

Tu es parti, tu es partout
Et j'implore l'eau du ciel
De t'effacer et le prochain doux
Sera le bonheur du nouveau miel.
C'est plus qu'y croire,
C'est juste le vouloir
Car l'amour a toujours rendu les hommes fous,
Les matins brûlants, les nôtres justes à nous.

Merci, de m'écouter ami dans le silence
Assis, calme, tu proposes la chance
De dérouler le tapis de cette vie
Des confins de l'éternité aux confins de l'infini.

Car il a existé, une fois dans ma lumière
Il chantera dans une autre parole,
Il était ce feu, cette rivière
Et m'a presque rendu folle.

L'amour, c'est quoi ?
Tu le sais toi ?
De diastole
A systole.
Le cœur tremble plus que mes mains

Mes yeux te cherchent au loin
Et ainsi j'avance, sans toi
Mais je vais là où vont mes pas… ;

J'avance d'un pas
Malgré la sorcellerie orientale.
Je t'oublierai dans le demain pâle,
Où tu reviendras.

Et ce lendemain, toi et toi seul peut le colorer
Donne moi du feu et de la vérité,
Donne moi des brasiers
Des songes et des baisers.

Que l'Amour renaisse, sur cette chanson orientale
Que tu peux entendre sur ma bouche orientale.
Languissante
Et tourbillonnante
Je danserai entre tes mains
Tu me feras tourner jusqu'au matin.

Et cette musique, encore une fois
Guérira.
Comme la poésie, le fera
Encore une fois.
Car musique et poésie

Portent plus fort que la vie.
Elles t'emmènent bien plus loin que ton désir….
A ton prochain désir….
Et je sais que tu seras là
Et c'est pour cela

Qu'encore une fois je remercie,
Le petit, le grand et l'infini.

L'apprentissage,
C'est parce que j'attends et parce que je vis
Que j'apprends l'enchaînement de l'éternité.
C'est parce que je parle et parce que je vis
Que je me mesure aux colonnes de la vérité.

Il y a la haine, l'amour et la peur
Il y a toi.
Il y a la vie, la joie et le bonheur
Il y a toi.

J'apprends à danser dans la nuit
J'apprends à recommencer toute une vie ;
Il y a moi.
Et peut-être toi.

Je me mettrai dans la lumière
Pour espérer les prières,
Celles qui s'apprennent par cœur,
Toutes celles qui parlent du bonheur.

Je ne connaissais que l'amour,
Je découvre les vertiges,
De l'indifférence et des mauvais jours
Je découvre la folie, la nuit qui fige….

Le temps
Le bonheur de l'instant
L'espoir du moment
J'apprends.

Combien tout ce temps passe
Les vestiges des heures lasses
Les soleils fougueux, qui s'enfuient
Dans la nuit.

Les clartés du jour,
La lumière de l'amour
Et oui, j'irai
Aux confins de cette forêt.

Et peut-être même
Que je saurai si tu m'aimes…
Et peut-être même
Que je saurai si je t'aime.

En se promenant le long de ce chemin
J'apprendrai à lui tenir la main
J'apprendrai aussi à partir
Et recommencer l'avenir.

Vie, je t'aime et je t'embrasse

Les sanglots bleus ;
La nuit qui berce mes yeux
N'a plus la lumière de tes yeux.

Le soleil qui inondait l'horloge de ma vie
S'écoule ni au jour, ni à la nuit.

Tu es parti…
Avec l'amour
Avec ma vie
Mais demain, il y a encore le jour.

Au bleu de mon souvenir
Persiste, signe le désir…
Il s'appelle toi,
Mais tu es là bas.

Il fait gris, il fait transparent
Et je vois tes larmes d'enfant.
Tu les vois bleus, elles sont violentes
Tellement mal que la barque reste indolente :

L'eau de mes yeux est partie au désert de l'éternité
Si je peux le dire, n'oublier jamais
Je veux aimer
Je veux être aimée.

Je veux t'oublier
Toi qui fus mon rire et mes caresses

Tu étais le chant de la vérité
Trouvée après des années de détresse.

Et…, parti, loin
Je te rejoindrai
Dans un autre lointain
Les images de Calliope

M'ont porté à la dérive vers l'espoir
De ton retour
Vers l'espoir
De notre amour.

Et mes sanglots bleus
Coulent seuls sur mes yeux et mon visage
Et mes sanglots bleus
Dessinent des lumières au loin, au secret passage

Des chansons, des mots et des tourments
Loin de ton corps et de ton souffle
Tu es les étoiles de mon firmament
Ma porte c'est le ciel, c'est ce premier rêve qui essouffle,

Mon cœur, sans toi
Mon corps, sans toi
Mon âme sans toi.

Toi qui construis la Vie
Te voilà si loin, que je n'ose te rejoindre

Et pourquoi Ma vie ?
Elle mérite d'être et d'atteindre

Les nouvelles cimes
Toutes les rimes…
Désormais seront toi.
Et pourtant, il faudra d'autres rimes

Et il faudra d'autre toi.

Au nom de l'amour,

Il existe, mais ne porte pas de nom
On l'appelle l'amour
Il est beau et jamais ne lui dit non,
Il existe de toujours.

Son regard est pâle et discret
A la lumière de l'Eternité,
Il se pose et danse dans mes yeux,
Certains le nomment vérité.

Mais ce silence
Et cette présence
Sont aussi précieux
Parce que mes yeux…

A cet amour je donne vie,
Et j'ouvre les portes de mon temple secret,
Fière de porter le drapeau des danses infinies,
A cet amour, je donne ma vérité.

Petite, petite lumière…
Tu grandis, tu transpires, tu éclaires
Mes caresses volent vers toi,
Et ma patience ne m'effraie pas.
Au nom de l'amour

Se lève le jour.
Au nom de l'amour,
Viendra ton retour.
Alors j'attends, et j'avance
Pour que cesse le silence.

Car j'ai besoin de ta voix
Au nom de l'amour sans rage.
Tu seras là,
Plus fou que les félins sauvages.

Ce sera un amour calme.
…
Mais qui peut le promettre ?
Tout doux, tout calme
…
Sera la première lettre.

La première lettre quelle est-elle ?
La naissance de l'amour qu'elle est-elle ?
Toutes les lettres du monde, même les claires
Ne suffisent à tout envoler pour ma prière.

Alors, j'aime la première lettre,
Et le secret de l'amour
Tape de battements à ma fenêtre

Et le secret du jour.

Oui, oui je ne vis que par elle…
La lumière de ce matin et de toi
Le mystère est bleu et irréel.
Mais je sais qu'elle est là.

Dans la clarté,
Il n'y a plus de fenêtre,
Toi et moi au même soleil, de jours partagés
Où l'oiseau fou, cherchera de qui est l'être
De l'amour,
Au nom de l'amour.

La nuit dessine ses yeux ;
C'est la nuit qui m'a menée vers toi,
Douce, clémente. Tu étais roi.
Et dans l'éclat lunaire,
J'ai entendu la chanson que tu préfères.

Alors j'ai baissé mes paupières,
Pour mieux entendre tes premières prières.
Où va la lumière ?
Les secrets sont …, derrière,

Derrière la nuit, derrière ta nuit,
Où sont les anges de minuit ?
Tu parles des secrets et des matins de vie,
Où la première vague rappelle l'infini.

On m'a dit que tes mots,
S'endorment dans des vallées profondes,
Et j'ai pleuré sur cette belle eau,
Parce que c'était toi, le monde.

Et le voyage m'entraîne aux rêves d'amour.
Alors, je vois tes yeux
Parce que la nuit dessine ses yeux.
Vous savez ? Ce que c'est que l'amour…
La plus vieille histoire du monde

Celle où tes yeux furent dessinés
Aux premiers instants et secondes,
Là où mon cœur a battu pour l'éternité.

Cette nuit,
Ces yeux
Deviennent à moi et ma vie,
Et demain, nous serons deux.

Reviens, et assied toi à mes côtés,
Ensemble nous respirerons les fontaines,
Et ensemble nous sourirons aux fées.
Parce que demain la pluie sera pleine,

De cet amour et de ce regard
Où l'éternité a basculé,
Un petit matin de mai.
De ce jour et de ce départ.

Un petit matin de mai,
Et si tu revenais,
Je suis près de toi,
J'ai un peu froid.

Un premier espoir à midi,
Et si tu m'attendais sous la pluie,

Alors la nuit dessinera tes yeux,
Et protégera tous les vœux

Que j'ai demandé
Aux fées.

La Vie ;

La vie a choisi d'être bleue,
Parce que c'est la mienne.
Et les silences tombent dans le feu
D'une danse magicienne.

Alors ? Oui : bleue
Définitivement dans le vent silencieux.
Alors je retournerai chanter au désert
Du bleu, du feu, de la danse et de la magie,
Et dans le tourbillon des manuscrits de prière,
S'éteindront et la haine et la fin et la guerre.

Parce que c'est ainsi que je choisis ma vie
Bleu,
Dans le feu
Explosée de danse et de magie.

Alors ? J'ai choisi
D'aimer et de regarder
Tous les chemins de la vie
Alors, j'ai choisi de me promener.

Quelle sera la nuit ?
Quel sera le bleu ?
Quelle sera la magie ?

Quel sera le feu ?

La nuit sera lumière d'étoile
Le bleu sera baiser de l'océan.
La magie sera fascination sans voile
Le feu sera turbulent comme un enfant

Et l'étoile de l'océan,
Brille aux éclats
Des espoirs et de ces diamants,
Et pourquoi la lumière s'éteindrait là ?

Oui, la lumière sera nuit,
Oui la lumière sera bleue,
Oui, la lumière sera magie,
Oui, la lumière sera feu.

Et qu'importe si elle porte le nom de Vie,
C'est la porte du temple,
Au-delà de toutes les nuits
Qui contemple…

Libre, fière et belle
Je l'appelle,
Depuis la nuit
Depuis le bleu

Depuis la magie,
Depuis le feu.

Et revient toujours le matin du désir
Et revient encore le même matin,
De désir en matin et de matin en désir,
La vie, celle là m'appartient.

Le rêve du premier matin
A posé sur le feu ses mains,
Et se promène parmi les fleurs,
Sur le chemin du bonheur.

Cette vie là,
Je l'ai choisie à midi,
Cette vie là,
Je l'ai choisie pour la vie.

Le saut du fil ;
A l'heure, où le soleil descend,
Je te cherche et t'attends.
Pour fuir
Les délires
Des hommes qui ne voient plus
La lumière,
Même nue :
La prière.

Alors j'attends ;
Parce que le vent
Est trop fort
Pour laisser l'étoile frémir d'or.

Cet éclat
D'où vient-il ?
Et de quelle Loi ?
A qui le saut du fil ?

Et si je montais au ciel
Pour chercher l'étoile, celle,
Qui parle, qui sait, qui aime et qui est ?
J'irai presque jusqu'à la dernière éternité.

Et je reviendrai

Faire le saut du fil
Pour franchir l'espace de la vérité.
Derrière la porte et le fil
D'Ariane, celui qui chante
Quand là-bas seule,
Elle regarde les flots,
Elle regarde les cieux,
Elle cherche mes mots
Et ne trouvent que mes yeux.

Le fil est là, bleu et bon,
Et maintenant, seule s'en va l'horizon.
Le saur du fil me promet
Que toujours je reviendrai.

Liberté
Pensées,
Plus jamais,
Je ne vous quitterai !

Mais si tu me permettais
Toi de l'autre côté
D'aimer l'indicible fil,
Et de pardonner au temps qui défile ?

Franchir la nuit, pour atteindre le jour

Franchir le jour pour atteindre la nuit,
Je viens vers toi, avec amour,
Je viens vers toi, avec ma vie.

Feras-tu le saut du fil ?
N'abandonne aucune des lois faciles
Juste, elles sont belles.
Et reste à la lumière fidèle.

Mais la lumière,
Est jour, mais nuit.
Donne-moi ta prière,
Je te rendrai ma vie.

Les mots enlacés
Pour quelques douces ombres,
Restituent l'éternité
D'une nuit claire, mais sombre.

Alors vient vers les mots
Et parle doucement au murmure des flots
De ton cœur et de ton âme,
Au matin du premier drame.

Et franchis le fil qui sera bleu
Et de retour sur la terre du Feu

Recommence à m'aimer,
Comme à l'éternité.

Pour une fois ;
Et si une seule et une fois,
Le temps s'arrêtait là,
Posant ses armes à nos pieds.
Je te cherche où que tu sois.

Pour toutes les fois,
Où mes yeux attendaient tes pas,
Parce que cet amour sera le blé du matin,
Parce que notre amour illumine les chemins.

Mais la peur dévore cette attente,
Prends ton courage pour moi,
Donne ton courage pour une fois.
Mais la peur dévore cette attente.

Liberté, liberté : esprit de l'amour,
Amour, amour : esprit de liberté
Les rois qui viennent sont toujours
Les premières étoiles de toutes les soirées.

Allume, allume la lumière du feu
Et porte haut et loin ton visage heureux.
Car ce sont tes yeux qui pour une fois
Donneront aux justes, le moment des Lois.
Pour une fois,

Assieds-toi là,
Et n'oublie pas d'écouter la mer,
Elle qui connaît le fond des pierres,

Au fond des eaux
Dans un jeu
Ni bleu, ni beau
Juste bleu.

Je vogue dans tes abysses
Je rassemble toutes les fleurs,
Et si pour une fois, s'envolent les prémisses
Des premières promesses de bonheur.

Et s'il n'y avait plus que la mer
Et si pour une fois,
Ton cœur avait retrouvé la lumière,
Viendrais-tu donner ta main, là…

Oui, juste là, au pied des continents et des territoires
Oui, juste là, au-delà de l'absence
Et que l'amour parle au silence
Dans la joie et l'espoir…

Tu te nourris, tu té délectes,
Dans ces contrées de la secte

De prison, de liberté
De lumière et de beauté.

Tu attendrais encore combien de lune ?
Et si la vie s'arrête
Et si le vent se fait dune,
La nuit serait-elle offerte ?

Le guerrier bleu
Aura raison,
De ce temps odieux,
Qui ne porte aucun nom.

Et si pour une fois, il avait le courage
De chercher le bleu du rouge
Et si moi aussi j'avais le courage
Pour une fois, d'aimer cette source rouge…

Et si pour toujours, le sang
Interrompait sa course folle
De mon cœur à mon esprit, tant
Que discerner les fausses idoles…

Il n'y a qu'un Dieu, il n'y a qu'une vie ?
Alors pour une fois, poser son esprit.
Pour aider la joie à renaître, ici.

Car donne du feu et prends la nuit.

Donne du feu et prends la nuit,
Mais revient à midi,
Pour qu'au soleil l'éclat
Soit toujours là…

Toujours là,
Pour une fois.
Le vent parfume d'espoir et de chant
Cette nuit, où pour la première fois,
J'ai connu les bras d'un roi,
Les bras d'un amant,

Qui pour un jour
Donne à la fois sa lumière et son jour,
Qui chaque nuit,
Reprends vie.

L'arbre dont tu es la sève
Le lac dont tu es le rêve,
M'emmènent dans un galop
A la source même de l'eau.

Je te fais partager mon trésor,
Je te donne les mots,

Je te fais partager mon trésor,
Les larmes et les eaux…

Et surtout, cette joie,
Cette immense joie,
D'être là, Pour une fois
Près de toi ?...

J'ai attendu

J'ai attendu la pluie,
J'ai attendu le vent
Puis tu es venu ici
Plein de magie.

Tu faisais voler les flammes
Tu protégeais les femmes
En vainqueur,
Tu as conquis mon cœur.

Alors, j'ai dansé,
Alors j'ai chanté
Aux diapres de la lune
Aux vents sur les dunes.

Le soleil fou devenait diapre
De couleur dans un cortège
Vert, bleu et bien sur diapre.

Et moi je n'ai vu le piège
Ni tes yeux plein de neige
Le froid, le chaud se mêlaient dans l'océan
Et je t'ai choisi comme amant.

Ses nuits de galop :

Tu es le ciel de cette terre où je suis née
Tu es le parfum de cette fraîche rosée
Que je pose sur ta bouche
Le soir quand tu te couches.

Je suis la terre que tu enveloppes et protèges
Je te donne les océans en été, et la blanche neige
Le froid se fait braise ardente
L'union est inévitable, de la terre au ciel, plus d'attente

Toujours couchée sur moi, Ouranos dit à Gaia
Laisse la nuit galoper
L'Erèbe sera douce cette fois
Car souvenir de tes baisers.

Et de l'étrange confusion d'un ciel qui pleure
Sur une terre d'espoir où Chronos perd ses heures.
Rien ne touchera le ciel et la terre
De tous côtés émanent les prières.

Leur amour est le premier du monde
Vénus déjà par hasard,
Ronde et belle jetait son regard.
L'amour se sent, elle devient féconde

Et dans ses nuits de galop, les baisers se mêlent à la bouche
Et dans ses nuits de galop, se mêlent nos deux couches
Laisse-moi être ta terre, et te recueillir
Et que ta floraison soit céleste, et toi jamais partir.

Tu es l'hiver et le printemps,
Tu es le feu d'un enfant,
Tu es l'automne et l'été
Tu es l'amant de mes rêves secrets.

Et ces secrets volent dans l'air
Les hommes les appellent passions.
Moi, Femme te porte à la lumière
Parce que je crois en la tendre unisson.

L'amour primitif effarouche les jeunes femmes,
L'amour primitif interroge nos âmes
L'Amour ne peut mentir :
Le ciel et la terre ne peuvent partir

Du ciel de mon cœur, on voit les bateaux
De la terre où je chante, on perçoit le bel oiseau.

Le premier murmure du premier oiseau
Tranquille et serein dit au bateau
De l'emporter au bout de l'oçèan

Pour que le monde entier soit un chant.

Et c'est ce que terre devint : un immense chant aux ailes bleus
Et vole, et vole j'irai jusqu'à tes yeux.

Le ciel, lui à son tour
Exulte jusque dans les étoiles.
Qui brillent par amour
Alors Vénus retire ses voiles

Et de ta prison nocturne, les anges
Le ciel, la terre, les étoiles
Et ta femme se mélangent
Pour que jaillisse le cri primal

Et c'est ce cri qui monte au ciel
Comme une lumière qui est belle
Fait Joie à la terre qui ne cesse d'enfanter
Peut-être un matin, une éternité.

Le ciel connaît-il Booz endormi ?
Heureux et superbe aux bras de la terre
La Terre connaît-elle Ruth sa douce amie ?
Douce, raffinée et fière

D'être née de la terre sainte

Et d'aimer chanter ses étreintes.
Ce n'est plus une voie, c'est un chant
Ce n'est plus une crainte, c'est un commencement.

Dis-moi : le feu vient-il du ciel ou de la terre ?
Où que tu sois
Tu n'auras plus froid
Car chaudes sont les mers

Et c'est là, dans cette immensité
Que nous nous rejoignons à l'unisson.
Ainsi fruit de l'amour est horizon
Que D. me fasse sur terre habiter

Et fuir et l'orgueil et la peur
Et paraître le visible
J'en appelle au bonheur
Et dire l'indicible.

Que D. me donne la Force de ne jamais te blesser
Et du chacal à la licorne
La seule vérité
C'est que tu n'es pas un chacal.

Par contre, la licorne est mon amie
Comme toi tu le deviens

Père, amant, ami
Tu es comme le ciel de nos premiers matins.

Le ciel maintenant vole au-dessus de Gaia
Ils se réunissent et s'aiment cependant
Par la pluie, le vent et même le froid
Ils s'aiment depuis la nuit des temps.

Mais que dire de l'érèbe et de Chronos
L'air, tel Hermès donne les messages d'Ouranos
A sa douce Gaia qui attend de voir la première biche, le premier papillon
Leur premier enfant : l'horizon…

Et dans une immense fierté
Zeus sera sauvé
Et l'amour qui donne
Fera de Vénus, la première madone.

De l'écume étrange Aphrodite
Sera la réconciliation de Chronos et de Gaia.

Avant demain,

Avant demain, nous retournerons là bas
Au pieds de ces collines de feu et d'amour
Où nous avons chanté et parlé à mi-voix
Au murmure des eaux et des éclats du jour.

Oui, car la lumière ce matin là
S'est embrasée, s'est embrasée, s'est explosée en gouttes d'amour et de lumière
Et tous ces petits feux, ont choisi notre rêve, pour venir là,
Et tous ces éclats d'amour ont poussé les portes des prières.

En ouvrant la porte de la Maison, les chants on courut dans le jardin,
Et les arpèges montaient dans les yeux de tous les enfants du matin,
Des larmes, des rires
J'ai versé des sourires…
*
Au moment du retour,
Nous serons lueur et dans tes yeux
Je te parlerai des silences du jour
Qui doucement, raniment la vie du feu.

Oui, car le feu ce matin là,
A envahi tous les palais, tous les corridors

Ne s'échappe pas, ce feu cherche la joie
Ce feu parce qu'il est bleu ressemble à de l'or.

En ouvrant la porte du palais, j'ai cru voir ta nuit et ma nuit
Mais les miroirs du temps sont devenus plus ronds qu'un soupir
Et j'attends que l'espoir se lève, à son tour, dans ta nuit.
Et parce que si je t'aime, tu me donnes un avenir.
*
Pour revenir aux marches des cascades où je respire
A l'orée du petit bois de roses
Où ni Belle, ni Bête, ne vinrent ou repartirent
A l'aube des fleurs écloses.

Oui, car la terre ce matin là est plus ronde et plus bleue
Que la gorge où la mer berce cet enfant,
Parce que plus fou, parce que plus feu,
Cet enfant ressemble au chemin des premiers instants

En allant dans le chemin, j'ai ramassé les cailloux,
J'ai choisi les herbes et les fleurs,
J'ai posé mes pieds à genoux,
J'ai retrouvé le bonheur.

*

Et je reverrai ces torrents d'amour qui pleuraient dans tes yeux

J'ai vu l'Homme, j'ai vu l'enfant, j'ai vu l'amour.
Parce que trop de larmes pour un seul cœur, même dans le jour,
J'ai vu ce retour et des soupirs et des rêves et des vœux.

Contre moi, se sont blottis, l'amour et la fierté
Oui, j'ai pris sur mon cœur ces deux beautés,
Et j'ai moi-même pleuré de joie et de liberté,
Tous les trésors en un seul baiser

J'irai à mon tour au pays des fontaines,
Et j'emmènerai et le vent et la pluie,
Je me souviendrai de ces reines,
Qui marchent à côté de lui …
*

Alors je trouverai le vent, emporté dans tes yeux
Emporté dans mes yeux,
Parce que la peur, me laisse toujours sur le rivage
Et à Naxos, oui je l'ai juré, je reviendrai du voyage

Et je parlerai aux nuées invisibles et douces
Pour aimer ces vents qui rapportent la Parole.
J'entendrai les mélopées de ta voix, jaillir sans secousses
Une voix claire, une voix qui chante la farandole
Je partirai sur ce grand bateau sans capitaine.

Et je reviendrai certainement au matin des premières géhennes
Il y aura toi
Il y aura moi…

*

Avant demain
Je regretterai les renards et les roses et les volcans
Car, au petit matin,
Petit prince aura repris le vent…

Avant demain,
Où seras-tu ?
Reprends la nuit, et revient
Le loup, l'oiseau, où seras-tu ?

Le désir ;

Il est fort et doux comme le vent
Il est mon amant.
Sa voix entre en mon sein
Tel un bateau du matin.

Je vogue aux dix mille lueurs de ses nuits
Et de tous ses rêves
Je rêve aux dix mille secrets de sa vie
Et je vais guerroyer sans trêves.

Aucune marée, aucun vent furieux
Aucun démon ou envieux
Ne l'éloigneront de mes bras
Il est mon sourire et ma joie.

Je suis sa bouche
Il chante.
Je suis ses yeux
Il rêve.
Et sa bouche…
Me hante
Et ses yeux…
M'éclairent sont la sève
De ces fleurs et de nos fruits
De sa vie et de ma vie.

Comme le feu qui attend l'eau
J'attends tes baisers
Et je dévore en rouge et or le bateau
Ivre toutes mes lèvres de l'été.

L'eau, le feu, le vent et Toi
C'est tout ce dont j'ai besoin.
Le matin, le soir, le soleil et Toi
C'est tout ce dont j'ai besoin.

Mais plus au fond
Ce matin là, je suis à toi.
Mais plus au fond
Ce soir là, je suis à toi.

Et nos vies s'endorment paisibles aux bord des eaux de la mer
Rien qu'à toi, vers l'éclat et la lumière
Tu es le flot salé
Qui atteint mon éternité.

Tu es le vent sucré
Qui choisit de m'embrasser
Et nos sommeils s'éveillent vifs et forts.
Lorsque de toi à moi, vibrent les corps.

Et tes mains

Tremblent au premier rayon
Et tes yeux le matin
Plongent dans le trèsfond
Et tu caresses mon âme
Toute ouverte, je suis Femme.
Laisse-moi devenir ta prochaine fois
Et devient ma première fois.

Il y a ton chemin
A l'orée de la forêt,
Et je vais vers tes mains
Insouciante, confiante et pleine de voiliers.

Tu es ce que je suis
Et j'attends ta vie,
Que le soleil t'allume
Disperse les brumes.

Le feu viendra te couvrir et te protéger
Pour que jamais la glace ne fige ton éternité.
Et cette vie qui va en toi, est d'abord, ma promesse
Et cette promesse qui va en toi, est d'abord ma vie
Je promets de rester en vie
Je vie ma promesse…

Que notre amour soit protégé

Par la clémence de l'éternité.
Tu es le ruisseau, où je vais nue
Et me livre à tout ton inconnu.

Toi, l'Eternel, protège et veille sur son amour
Que Rien, n'atteigne nos cœurs
Que nos cœurs
Eux-mêmes ne tremblent que du jour d'amour …

Et de la nuit que la vie nous offre
Tu es l'écrin de roses où je m'offre
A toi,
En moi.

Laisse-moi glisser du matin
Dans tes bras m'envoler et n'être que par tes mains
Tu es la nuit de mon étoile,
Tu es l'espoir de ma voile.

Et je plane et je vole vers toi,
Parce que tu es le phare dans l'océan.
Et les oiseaux ne parlent que de toi
Parce que tu es le roi et le mendiant.

L'étoile du firmament
De mon firmament

A toi
En moi.

Et les oiseaux aiment les étoiles…

Tu es l'oiseau, je suis l'étoile…

Etoile du vent, de tes yeux
Laisse entrer le feu…

Je désire ton vent et tes yeux
Je désire ton feu.

Laisse-moi être,
Laisse-toi être,

Car la vraie question, c'est : aimer ou être aimé(e)…

Il était une fois la lumière ;
Elle est entrée un joli matin
Et en amour s'est posée dans mes mains
Belle et de prière
Elle s'appelle Lumière ;

Je l'ai aimée, et dans mon cœur
Désormais a trouvé sa demeure
Je suis là pour la garder
Désormais, c'est l'éternité.

Si elle entre par la porte
C'est parce qu'elle veut jouer
Avec le soleil, elle devient plus forte
C'est parce que d'abord elle veut jouer…

Gagner, c'est gagner mon cœur.
Jouer, c'est poser son enfance…
Et ne plus rien perdre du bonheur
Gagner, c'est Vivre avec l'espérance

Fulgurante de porter cette lumière
Il est des beautés qui vous pénètrent
Et des sourires au secours des prières
J'aime cet instant, cette fenêtre
Que je te donne, pour voler, voler dans le ciel.

D'Homme et d'oiseau, l'as trouveras-tu Belle ?
Cette lumière qui fait ma vie, ma force et mes secrets.
Devant le Kotel, elle est montée en moi, sève de toutes les forêts.

Et je l'ai reçu, comme je reçois, le premier matin :
Il était une fois la lumière,
Il sera une fois notre premier matin
J'ai déjà choisi la clairière.

Et tu la verras toi aussi
Entre le ciel et le feu, je l'ai choisie
Entre le bleu et la mer
Elle s'appelle lumière.

La Force ;

Elle regarde toujours haut et fort le soleil,
Du sacré pour certains elle devient merveille.
Elle attend aussi que le soleil revienne
Elle ira le chercher et délivre sans haine.

Je l'attends, je l'espère, je la contourne
Elle vit et le matin, et le soir.
Comme une fleur portée par un doux regard
Qui chante et dans les farandoles tourne.

C'est un jeu de lumière,
C'est un jeu de prière
Elle est à la fois l'oubli et l'espérance
Les mots murmurés dans le silence.

Elle est cette larme et ce soleil
Elle s'élève vers toutes tes merveilles
Loin des terreurs sans nom
Loin du vent qui dit inlassablement : Non.

La Force, elle dit oui,
La Force, elle murmure : continue.
Et c'est ainsi que va la vie,
Continue, continue.
Ce souffle immense,

Cette tendresse, si bleue
Attends dans un nuage d'espérance
Et redeviens bleu.

Parce que le bleu est sa couleur
Et parce qu'elle n'a aucune couleur.
Le bleu, c'est le ciel et la mer
Le bleu c'est le premier jour sur la terre.

La gitane;

C'est parce qu'elle danse qu'elle est belle
C'est parce qu'elle est belle qu'elle danse
Et le feu n'a plus rien à lui demander, chance
Chance d'aimer le feu, d'aimer la vie et ses farfadelles.

On dit qu'elle a des yeux de loup
On dit qu'elle est toujours près de vous.
Soleil des nuits étoilées
Et lune des premières marées.

Elle épouse en même temps et la mort et la vie
Ton son être appelle et sourit.
Elle est présence, humilité et Amour
Elle te parlera du prochain jour.

Elle sent le vrai, elle sent le faux
Mais toujours le cœur au bord du jugement
Tu survoles les océans de feu et d'eau
Et tes yeux deviennent les diamants…

De tous ceux que tu aimes
Et regarde, il t'approche le bébé loup.
De tous ceux qui t'aiment
Tu deviens maman loup
Et tu n'as pas peur, car tu es gitane

Tu abrites des sorcelleries païennes
Issues de gitane en gitanes.
Tu abrites des rêves où le feu et la laine

Nous laissent coucher près de toi
Près de toi, ni peur, ni froid.
Quand le violon tremble sous les étoiles
L'amour et la nuit chantent et s'étalent.

Son amour et sa nuit chantent, pour toi
Il t'aime, te sourit et ne veut que
Toi.
Alors, il a apprivoisé le feu, le feu

De tes yeux,
De tes soleils
Le feu qui danse et merveille.
La magie de vivre partout près du feu
Je te vois, le matin
Je te vois, le soir.
Tu souries d'un refrain,
Tu chantes l'histoire,

Secrète de tous les enfants
Et la flamme et le vent
Des mots et des images,

Tous promenade du même paysage

Le monde entier lui appartient
Car elle ignore l'abandon
Tous vivent main dans la main
Et portent avec fierté leur prénom :

Marie
Merci.

Tu mets la lumière, là où glissent les nuits
Tu mets le feu, là où glisse l'ennui
Tu portes dans tes bras la joie
Et sans le savoir, tous avez la même Loi.

D'abord la Liberté,
On vous dit gens du voyage
Surtout la fraternité
Vous êtes l'éclat des paysages

Et les couleurs et les jupons
Marie, quelle est ta couleur préférée ?
De quelle couleur sont tes chansons ?
Marie, au voyage des secrets…
Dis, tu seras là demain …
Gitane du soir

Gitane du matin
Dis, tu seras là ce soir ?

Je t'attendrai près du feu
Et dans les braises ardentes
Je jetterai mes peurs, violentes
Et n'atteindre que le bleu.

Gitane, de feu et de farfadelles
De loup, de mer et d'étoiles,
Tu es plus libre que la colombe, belle
Un diamant magique de fleurs, de voiles.

Ta vérité est au fin fond de ton âme
Car tu es d'abord secrète femme.
Les voiles qui dansent, te rappellent tes anciens
Souvenirs d'une vie, souvenirs d'un matin

Gitane, gitane
Qui es-tu ?
Gitane, gitane
Sens-tu ?

Et le feu, et le vent,
Et les nuits étoilées,
Et ton feu, et ton vent,

Et tes nuits étoilées ?

Reine des nuits
Tu es comme la vie :
Vivante et charnelle
Une force quasi irréelle…

La magie est en toi,
Elle est ton feu intérieur.
Ne pars pas
Fée du bonheur.

Tu donnes, tu donnes
Et jamais ne prend !
Alors, à mon tour, je te donne
Ce que je sais du vent.

Quand tu n'es pas là;
Le soir vient et la pluie tombe, droite
Dans le cercle infini de mon regard.
Alors je cherche et maladroite
Dans les cercles fermés de tes départs.

Alors, je pense au temps, à la lune et à la nuit,
Et je me dis, oui je me dis
Que tu es là, pas trop loin
Que tu es comme le matin.

Et qu'un jour tu seras là,
Mais l'obscurité gagne et le froid
Et qu'un jour je serai là,

Alors, il ne sera plus ni minuit,
Ni midi.
Il sera le temps de t'attendre
Mains tendues, les lèvres tendres.

Et enfin, tu seras là
Heureux et plein de joie
Et ce ne sera qu'à cause de toi,
Et alors, je serai là.

Dissipant le vent du Sud

Posée à l'étude
De mes cahiers magiques
De cette présence féerique

Sur les belles et droites lignes de mes cahiers
Je rechercherai une éternité.
Faite de soleil et d'amour
Pour que brille toujours.

Quand tu n'es pas là,
Je suis près de toi.
Quand tu es là
Je suis près de toi…

It's only because of you

J'ai longtemps erré
Les cheveux au vent.
Je t'ai longtemps cherché
Les mains posées en avant.

Sur lui, comme sur le soleil
J'ai eu chaud et l'ai vu la vermeille
L'amour et la lumière,
C'était à la fois toi et hier
Juste aujourd'hui,

Je sais que commence ma vie
Même quand tu n'es pas là
Parce que j'ai vu tes éclats.

Tant de lumière de toi
J'ai chaud et voit la merveille
C'est là l'unique loi
De ta présence.

L'être-là me répond au premier sourire
L'être-là m'embrasse au premier avenir.
Et ce feu, et cette eau
Et tes yeux toujours plus haut.

Au sommet de mon regard
Dans la vallée de tes bras.
Avant chacun de tes départs
J'attends que tu sois là….

Oui, mais quelle est ma patience ?
Quand je t'attends.
Je VIS en aimant
Toutes les existences.

Tu es le cheval qui me mène à la source
Et quand tu n'es pas là, vers cette source,

Encore j'irai à pieds, traversant la forêt.
Sans peur, je te le promets.

Maison des matins invisibles,
Jardin des sentiers
Aux cœurs de mon irrésistible main
Les roses fleuriront dans les blés.

Et alors quand tu n'es pas là :
Je vais les chercher
Pour à la fois,
La vie, la couleur de l'éternité.

Riche de ta présence, de ton absence,
Partout où je vais, je danse
Sereine et confiante
Oui, je chante.

La musique, les paroles
De la vie et de l'instant :
Disent Carpe diem, j'attends
Et je marche vers ces anges qui me frôlent.

La confiance ;
Elle me porte, elle me tend les bras
Elle sourit quand je la vois.
Ses yeux sont clairs comme deux soleils argentés
Son cœur est ouvert à tous les étrangers.

Si tu la vois,
Heureux tu seras
Si tu la perds
Grande sera ta misère.

Pour la rencontrer il faut aller aux bois
Se poser et attendre son pas.
Escortée de la licorne, tu verras
Le soleil briller de cent mille éclats.

Petite sœur de la pureté, la confiance
C'est ce que tous nous cultivons
Et reviennent les jardins d'enfance
Il n'a pas de maître, pas de nom…

Juste elle te tend la vie,
Comme on offre des roses
Elle chante et caresse les nuits,
Comme on offre des roses
Si je viens, tu viendras ?

Si je pars, tu m'attendras ?
Comme toi le matin
J'ai tendu les mains…

J'ai tendu les mains…
Comme on offre des roses
Et comme une présence de satin
Elle cherche une belle prose.

Pour te prendre et t'élancer dans la nuit
Il y a des images qui reviennent
Et des sourires qui s'enfuient
Il y a des larmes qui reviennent.

Mais tu viens dans ma nuit,
Comme un enfant, comme un ami.
Et la peur s'envole loin
Loin, loin vers l'oiseau, vers demain.

La peur, ténèbre est enfuie
Et la lumière descend dans les bras de l'infini
Après l'enfance
Revient l'enfance …

Mais maintenant mes bras
Sont assez grands pour toi

Si je pouvais te retenir licorne de ma vie
Je vivrai à la fois jeunesse et envie.

Non seulement d'aimer
Le temps se réconciliera avec l'éternité
Et la licorne s'endormira
Nue dans les bras,

Des secrets,
Oui c'est tout ce que tu es
Des chuchotements dans le soir,
Des pardons et des histoires.

Et moi aussi je t'attends
Et la vie bleue s'étend
Parce que tu chantes dans les nuits
Parce que tu pleures aux trésors enfouis.

Les diamants n'ont pas de nom,
Il n'y a que la pluie
La première fois claire le son
D'une solitude infinie.

J'ai besoin de toi,
Et je crois chaque jour,
Et je crois

Chaque jour.

Tu caressais ma tendresse,
Et pourtant j'ai pleuré,
Je pense sans cesse
A notre tout premier

Baiser…
Je t'ai bu confiance.
Au diapason de la mélodie argentée
Tes mains dans l'espoir… silence

Tu sauras un jour le bleu et le feu de ces nuits,
Où je n'attendais que toi,
Et pourtant tu ne venais pas
Il a fait de plus en plus nuit !

Pardon aux feux,
Aux matins silencieux !
Pardon à ton départ
A ton adieu dans le noir

Et ma douleur avait dix sept ans
Pardon d'avoir pris du temps,
Et puis te voilà
Sublime, gaie, te voilà !!

La vie qui revient avec toi.

La perfection ;

La perfection chante dans un dialecte inconnu
Inconnu à notre monde.
Alors ? Pourquoi les enfants font la ronde ?
Et pourquoi les fleurs sont-elles toujours nues ?

Dis-moi toi là, assis aux marches du ciel,
Est-ce que tu peux me prendre dans tes ailes ?
J'ai tellement besoin de voler parmi l'éther.
Tout a commencé avec la lumière…

Tu sais un petit matin, on a dit : Vérité
Mais elle n'a pas répondu.
On a dit : Amour et charité
Mais ils n'ont pas répondu.

Alors ? Où es-tu perfection ?
Ni les enfants, ni les fleurs …
Donne-moi juste une chanson
Ou des enfants ou des fleurs.

Et puis alors ce sera juste Ma perfection,
La terre résonne de lumière à l'unisson,
Pour faire comme les oiseaux,
Pour nous faire des cadeaux.
Et puis, les océans

Et puis il y eut la perfection
Un amour d'elle pour Adam,
Et puis il y eut les saisons,

Le temps et la mort.
Bien au-delà encore,
Il y a toi, et tes ailes
Et peut-être serais-je belle ?

Dans le melon pourpre qui goûte le miel
Dans l'éclat,
Si délicat,
Vermeil, merveille, sel

De la mer ni bleue ni claire
J'attends et je vais vers…
L'horizon
Ma perfection.

Alors tu vois, elle est bleue
Où elle s'achève
Dans un rêve
Que je trouve merveilleux.

Parce que c'est toi.
Ma branche de lilas

Le soleil des rois,
Ton rire aux éclats.

Aux éclats du feu…
Aux éclats d'océan
Il y a d'abord le bleu
Puis bien sur le Vent,

The answer my friend is blowing in the wind…

La douceur

C'est d'abord un sourire
Au creux de la pluie
Aux abandons des rires,
Aux chemins qui s'enfuient

Trace lumière
Où pars-tu ?
La douceur c'est comme la première
Fois, où je t'ai vu.

Pour garder cette douceur
Je te porte la fleur
Du silence...
Le vent d'Achem danse

Il promet la pluie le vent le feu
Et l'éveil
Pour rester à deux
Et faire des merveilles.

Ma douceur est ta fenêtre,
Ta douceur est tout mon être,
Tu vibres dans le fond de mes rêves
Tu vis les cristaux et s'achèvent
Avec eux les ténèbres : clarté,

La douceur te reconnaît
C'est comme cet oiseau
Qui un jour vola loin du bateau

Au-delà des écumes et des flots
Le bel oiseau chanta jusqu'au soleil
C'était beau comme la merveille
Promesse d'un prochain repos.

Et je te promets, la proche douceur
Ensemble, nous choisirons cette fleur,
Qui de la nuit au silence
Amène le matin de bonne heure.

Le philosophe

Sens-tu le matin s'approcher au bord de tes rêves ?
Cette ombre qui s'amuse dans le silence de ta nuit ?
Elle respire le parfum âcre et suave.
De tes cauchemars avec lesquels tu ris
C'est comme à midi
Quand les oiseaux s'approchent
Bleus, bleus, comme des rochers.
Le soleil peut alors jaillir
Et toutes tes larmes laisser mourir
Cette sensation d'aurore dans tes mains nocturnes,
Ce jeu sombre et taciturne
Ressent la douleur et la joie
Parfumées par l'odorante loi
De tes plus tristes rires et de tes plus beaux sourires
Mais c'est déjà l'heure de partir
Dans le vent avec les airs
Tu sens le souffle d'une présence lointaine
Une robe au bord d'une colline

Que tu aperçois en buvant à la fontaine.
Tout près du ciel s'agite une marine
Et la femme dans le creux de l'horizon
Et sur son coup près de l'eau qui glisse sur son blouson.
Avec cette femme, il tient le soleil levé
C'est comme une fleur dans le printemps,
A la rosée chaude du soleil levant.
A l'est de ce pôle vivent l'automne et l'hiver
La nuit et le jour se mêlent en éclipses lunaires
On sent les dunes de sable et le vent spatial.
Dans sa tête les nuits sont tristes et l'amour puissant
Mais il souffre d'une ombre qui chante avec les cigales
Il est le temps venu au temps
De chanter la longue lumière qui prête les songes
Où s'envolent par milliers des tentes de bronze
Chaque mage descendait du ciel comme de l'orage
Enfin la pluie jaillit d'un arc en ciel en image.
C'est le vent et la lumière qui ont fait l'amour
Et le soleil, et la pluie, et les arbres vivent toujours
En laissant tomber la pluie sur les flancs dorés
Des arbres enchantés dans l'eau des lacs salés.
Cette eau est si belle qu'on y plonge en fond et en surface,
Que la magnifique y grésille sans laisser de traces.
Tous les enfants ont connu la passion du feu et de l'eau
Lui connaît cette femme qui l'emmena danser
Par un beau, tendre et superbe été

Où la passion fut tendre et même bleutée
Où ce ciel ne ressemblait ni au jour ni à la nuit
Alors il lui sourit
A la vie.

Table des matières.

Dans le jardin de la Connaissance, ... 5
La licorne veille à la porte d'Orient. 5
Il y a tellement ; 8
J'ai chanté ; 13
La douceur ; 14
L'attente ou le départ ; 16
Les attentions ; 18
Ma traversée ; 20
Où s'écoulent mes larmes ; 23
La certitude 26
La chanson orientale ; 30
L'apprentissage, ... 37
Les sanglots bleus ; 40
Au nom de l'amour, ... 43
La nuit dessine ses yeux ; 46
La Vie ; 49
Le saut du fil ; 52
Pour une fois ; 56
J'ai attendu 61
Ses nuits de galop : 62
Avant demain, ... 67
Le désir ; 71
Il était une fois la lumière ; 76
La Force ; 78
La gitane; 80
Quand tu n'es pas là; 85
La confiance ; 90
La perfection ; 95
La douceur 98
Le philosophe 100